Seja feliz

Seja feliz

Pequenas dicas inspiradoras para levantar seu astral

Monica Sheehan

SEXTANTE

Título original: *Be Happy*

Publicado originalmente nos Estados Unidos por Running Press, membro do Perseus Books Group.

tradução: Angélica Lopes
preparo de originais: Viviane Diniz
revisão: Sheila Til e Tereza da Rocha
projeto gráfico e diagramação: Marcia Raed
ilustrações: Monica Sheehan
capa: Miriam Lerner
impressão e acabamento: Geográfica e Editora Ltda.

CIP-BRASIL. CATALOGAÇÃO-NA-FONTE
SINDICATO NACIONAL DOS EDITORES DE LIVROS, RJ

S545

Sheehan, Monica
Seja feliz: pequenas dicas inspiradoras para levantar seu astral / Monica Sheehan [tradução de Angélica Lopes]. – Rio de Janeiro: Sextante, 2009.
il.

Tradução de: Be happy: a little book to help you live a happy life
ISBN 978-85-7542-491-9

1. Conduta – Obras ilustradas. 2. Felicidade – Citações, máximas, etc. 3. Humorismo ilustrado americano. I. Título.

09-2616 CDD 170.44
CDU 17.021.1

GMT Editores Ltda.
Rua Voluntários da Pátria, 45/1.404 – Botafogo
22270-000 – Rio de Janeiro – RJ
Tel.: (21) 2286-9944 – Fax: (21) 2286-9244
E-mail: atendimento@esextante.com.br
www.sextante.com.br

Para Andrew Kroon

Nós sempre vamos te amar

muito obrigada a:

Jon Anderson
Andrew Clarke
Caroline Herter
Debbie Berne
Suzy McCabe
Tina Klem
Mike Hubert
Margaret Sheehan
Kara, Jack e Meredith
Sarah Kroon Chiles
Meu irmão Andrew
e seus meninos brilhantes, Eamon e Emmett
Al Ellenberg
Eddie McCrossin
Kevin Byrne e seu jardim
Minhas irmãs:
Mary Jane, Ann, Nora e Sarah

Apareça.

Siga seu coração.

Não perca a inspiração.

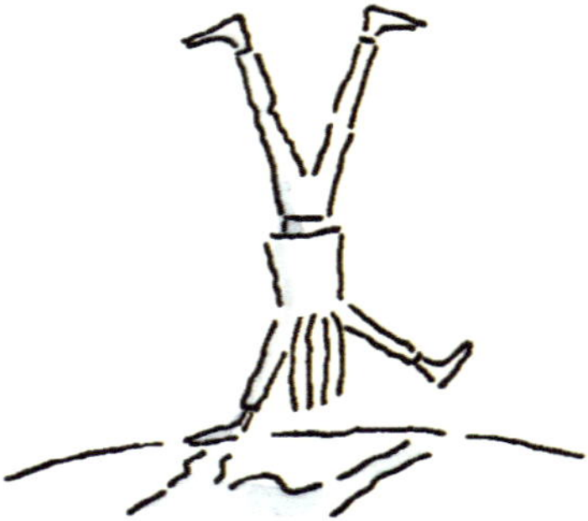

Pare de se fazer de vítima.

Faça coisas em
que você seja bom.

Ame o seu trabalho.

Busque uma nova perspectiva.

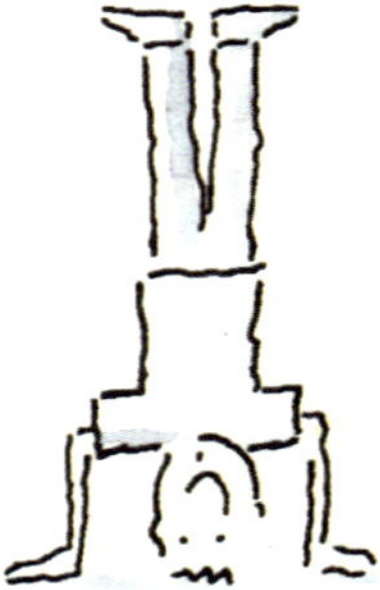

Não perca a capacidade
de se encantar.

Não se isole.

Descubra pessoas que você ame.

Estabeleça metas.

Termine o que começou.

TAP
TAP

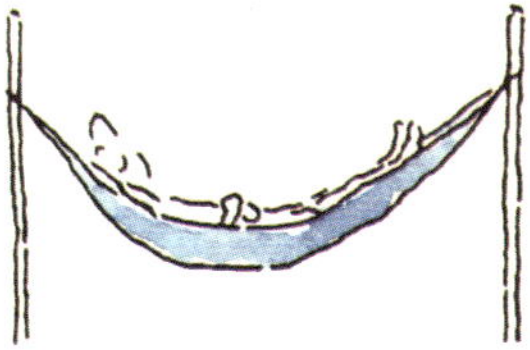

Ajude os outros.

Desligue-se das notícias por um dia.

Dance.

Mime a si mesmo.

Enfrente seus medos.

Vá a um museu.

Qualquer decisão é melhor do que nenhuma.

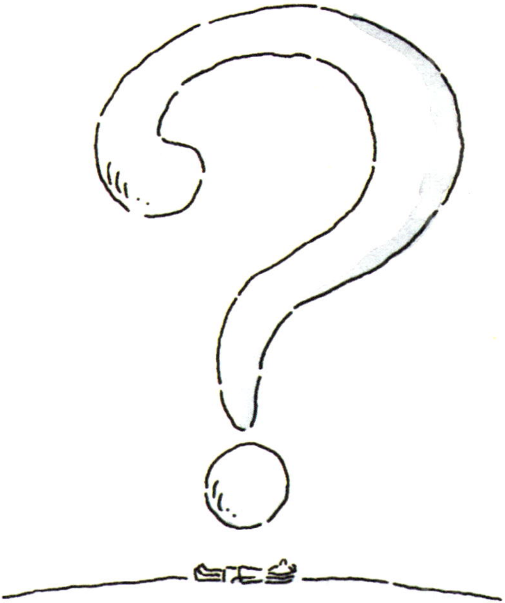

Exercite-se.

Não veja televisão demais.

Ouça música.

Fique em contato com a natureza.

Não carregue o mundo

nas costas.

Deixe sua moral guiá-lo.

Tenha uma boa noite de sono.

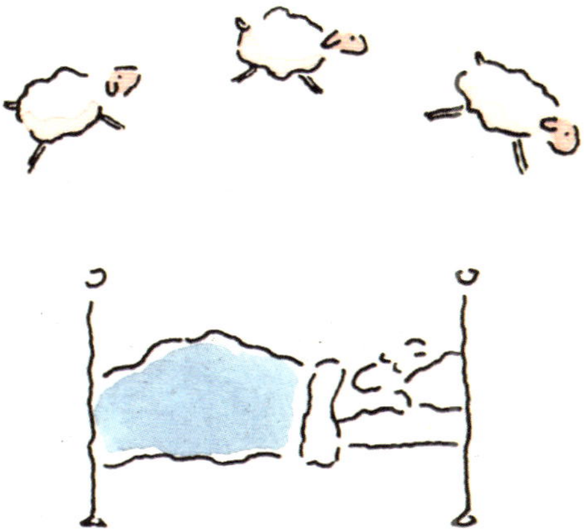

Leia livros.

Compre flores para si mesmo.

Dê um jeito de manter contato com os amigos.

Oi!

Tenha uma agenda de compromissos realista.

Não se compare aos outros.

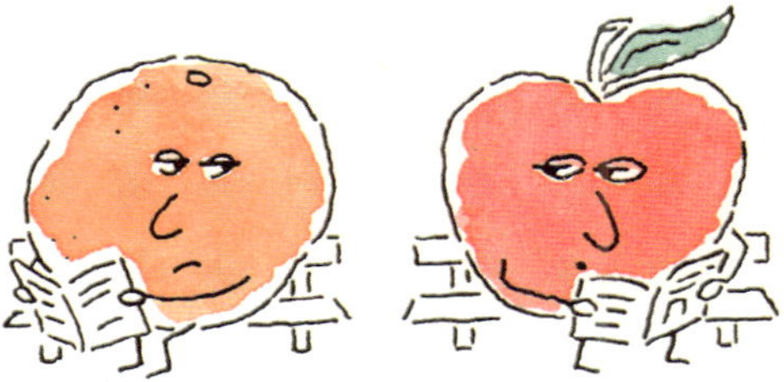

Viva o momento.

Não seja muito duro
consigo mesmo.

Aceite que a vida tem altos e baixos.

Assim é
a vida!

Toda noite reflita sobre as coisas boas do seu dia.

Esteja aberto a novas ideias.

Acredite em você.

ESTREIA
DO ANO
"ESTA É A MINHA VIDA"
ESTRELANDO: EU
INCRÍVEL!
INSPIRADOR

Seja gentil.

ABRA A PORTA
ESTENDA A MÃO
FAÇA UM ELOGIO
SEJA GENTIL JÁ!

Deixe que as pessoas saibam quanto são especiais.

Seja honesto consigo mesmo.

Não alimente

pensamentos negativos.

Arranje tempo para se divertir.

Concentre-se em criar
aquilo que deseja.

Lembre-se de agradecer

às pessoas que o ensinam,

apoiam, encorajam

ou que lhe servem

uma xícara de café.

MUUUITO OBRIGADA!
THANK YOU
VALEU, CARA!
GRACIAS, AMIGO
MERCI, MADAM
VOCÊ É TÃO GENTIL! OBRIGADA

Não se esqueça:

dinheiro não traz felicidade.

Doe tudo aquilo
de que você não precisa.

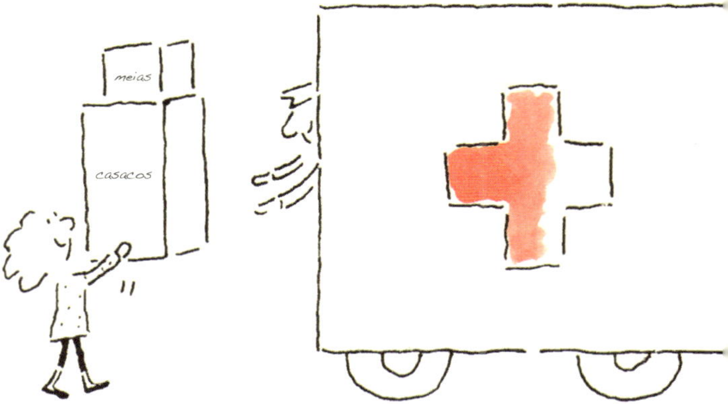
meias
casacos

Valorize quem você é agora.

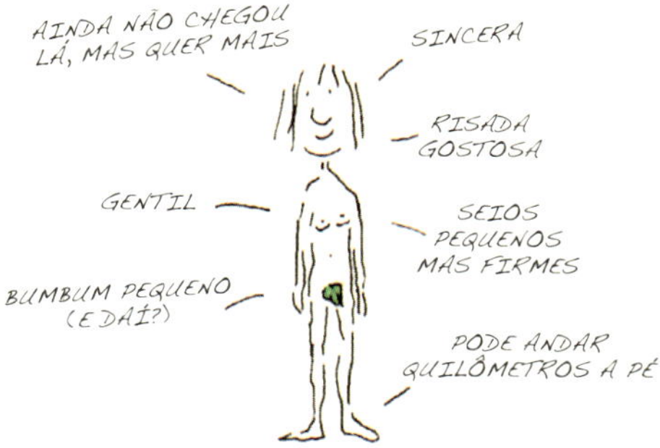

UMA EM UM MILHÃO

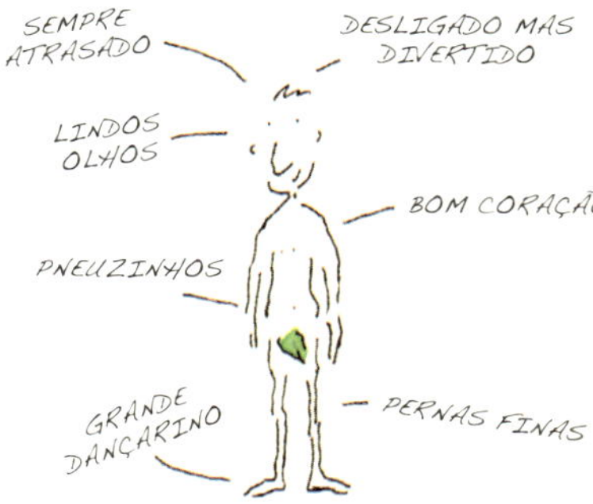

QUE CARA!

Faça parte de um grupo.

Compartilhe um interesse.

Mantenha acesa

a chama da paixão.

Faça uma lista de agradecimentos.

Ame a Mãe Terra.

Faça seu melhor.

MUITO
BOM
MEU
MELHOR
QUASE
LÁ

Não perca a esperança.

(Você nunca sabe

o que o amanhã vai trazer.)

HOJE

AMANHÃ

Continue aprendendo.

Deseje o que você já tem.

Acredite em algo
maior que você.

Mantenha-se ligado
aos amigos e à família.

O amor sempre vence!
BRASIL

Seja você mesmo.

Minha lista de agradecimentos:

Conheça os 50 clássicos da Editora Sextante

Espiritualidade/Inspiração
A cabana, de William P. Young
Muitas vidas, muitos mestres, de Brian Weiss
Jesus, o maior psicólogo que já existiu, de Mark W. Baker
Conversando com os espíritos, de James Van Praagh
A última grande lição, de Mitch Albom
O Mestre dos Mestres, de Augusto Cury
O Poder do Agora, de Eckhart Tolle

Negócios
O monge e o executivo, de James C. Hunter
Como se tornar um líder servidor, de James C. Hunter
Jesus, o maior líder que já existiu, de Laurie Beth Jones
O ócio criativo, de Domenico De Masi
Faça o que tem de ser feito, de Bob Nelson
A hora da verdade, de Jan Carlzon
Transformando suor em ouro, de Bernardinho

Ficção
O Código Da Vinci, de Dan Brown
Ponto de Impacto, de Dan Brown
Anjos e Demônios, de Dan Brown
Fortaleza Digital, de Dan Brown
As cinco pessoas que você encontra no céu, de Mitch Albom
O guardião de memórias, de Kim Edwards
A conspiração franciscana, de John Sack

Livros de bolso
Dez leis para ser feliz, de Augusto Cury
Seja líder de si mesmo, de Augusto Cury
Você é insubstituível, de Augusto Cury
Palavras de sabedoria, de Sua Santidade, o Dalai-Lama
A vida é bela, de Dominique Glocheux

Filtro solar, de Mary Schmich
Posso conseguir o que desejo, de Iyanla Vanzant
Quem acredita sempre alcança, de Peter McWilliams

AUTOAJUDA
Por que os homens fazem sexo e as mulheres fazem amor?, de Allan e Barbara Pease
Desvendando os segredos da linguagem corporal, de Allan e Barbara Pease
Por que os homens mentem e as mulheres choram?, de Allan e Barbara Pease
Nunca desista de seus sonhos, de Augusto Cury
Pais brilhantes, professores fascinantes, de Augusto Cury
Não leve a vida tão a sério, de Hugh Prather
Mantenha o seu cérebro vivo, de Laurence Katz e Manning Rubin
A Boa Sorte, de Álex Rovira Celma e Fernando Trías de Bes
Enquanto o amor não vem, de Iyanla Vanzant
O poder da paciência, de M. J. Ryan
Os segredos da mente milionária, de Harv T. Ecker

COLEÇÃO *VOCÊ S.A.*
Aprendendo a lidar com pessoas difíceis, de Rick Brinkman e Rick Kirschner
Como administrar seu tempo, de Marc Mancini
Como motivar sua equipe, de Anne Bruce

COLEÇÃO *AUTOESTIMA*
O poder das afirmações positivas, de Louise Hay
Histórias para aquecer o coração, de Jack Canfield e Mark Victor Hansen
Lições sobre amar e viver, de Morrie Schwartz

REFERÊNCIA
1001 filmes para ver antes de morrer, de Steven Jay Schneider
1001 discos para ouvir antes de morrer, de Robert Dimery
1001 vinhos para beber antes de morrer, de Neil Beckett
1.000 lugares para conhecer antes de morrer, de Patricia Schultz

Informações sobre os próximos lançamentos

Para receber informações sobre os lançamentos da EDITORA SEXTANTE, basta cadastrar-se diretamente no site www.sextante.com.br

Para saber mais sobre nossos títulos e autores, e enviar seus comentários sobre este livro, visite o nosso site www.sextante.com.br ou mande um e-mail para atendimento@esextante.com.br

EDITORA SEXTANTE
Rua Voluntários da Pátria, 45/1.404 – Botafogo
Rio de Janeiro – RJ – 22270-000 – Brasil
Telefone (21) 2286-9944 – Fax (21) 2286-9244
E-mail: atendimento@esextante.com.br